Wunderbare gute Nacht

Texte und Illustrationen von Anja Günther

Es ist Abend im Zoo.
Der Mond steht hoch am Himmel und die Sterne leuchten. Der kleine
Pinguin kann nicht einschlafen, weil er überhaupt nicht müde ist!
Geht es dir auch manchmal so?
Er liegt im hohen Gras und lauscht dem Schnarchen des kleinen
Fuchsbabys. Das ist erst ein paar Tage alt, aber es schnarcht
schon genauso laut, wie der alte Opa Fuchs.
Der kleine Pinguin macht die Augen zu, aber er wird einfach nicht müde.
Ob es seinen Freunden auch so geht? Er beschließt, nachzusehen
– vielleicht haben sie ja einen guten Tipp für ihn.

Das Nilpferd begrüßt ihn mit großen Augen:
„Weißt du, mein kleiner Freund, wenn ich
nicht schlafen kann, reiße ich mein Maul
weit auf und gähne kräftig!"
Da gähnen Pinguin und Nilpferd
um die Wette, ein jeder so gut er kann.
Machst du auch mit?
Aber an diesem Abend will es nicht helfen.
Sie beschließen die anderen Tiere zu fragen.

Die Giraffe schlägt vor, sich mal richtig zu strecken,
den Hals so richtig lang zu machen.
„Das hilft eigentlich immer!",
versichert sie den Freunden.
Kannst du das auch?

So ein Pech,
heute wird irgendwie
keiner davon müde.
Zu dritt ziehen sie weiter
zum nächsten Freund.

Das Gürteltier hat einen ganz besonderen Tipp.
„Wenn ich nicht schlafen kann, rolle ich mich
einmal richtig zusammen. Dann sehe ich aus
wie eine Kugel. Und das ist so gemütlich,
dass ich sofort einschlafe."
Alle wollen es direkt ausprobieren!
Und du, bist du schon müde?
Unsere Freunde sind es jedenfalls nicht.
Sie ziehen weiter. Irgendjemand
muss doch helfen können!

Der Strauß glaubt die Lösung zu kennen.
„Man muss seinen Kopf in ein Erdloch
stecken! Da ist es herrlich dunkel
und man schläft im Nu."

Steck doch deinen Kopf mal unter die Bettdecke. Was meinst du?
Der Giraffe ist es viel zu stickig. In ihrem Erdloch riecht es
außerdem nach Maus. So kann sie auf keinen Fall einschlafen!
„Nanu", sagt der Strauß enttäuscht, „heute fühle ich mich
gar nicht müde." Und so ziehen sie zu fünft weiter.

Die Eule zu fragen, war keine gute Idee.
Sie ist völlig entsetzt. „Wie könnt ihr jetzt
ans Schlafen denken?!", schimpft sie los.
Unsere Freunde wussten wohl nicht,
dass sich Eulen am Tag ausruhen
und nachts auf die Jagd gehen.
Das Gemecker hat alle wieder so
richtig munter gemacht.
„Ich hab's!", sagt da der kleine Pinguin.
„Lasst uns den Fuchs suchen,
denn der schläft tief und fest!"

Als sie das Fuchsbaby erreichen, wird es ihnen klar.
Das kleine Fuchsbaby kuschelt sich dicht
an seine Mutter heran und diese summt ihm
ein kleines Schlaflied. Oh, wie schön das klingt!
Nun wissen die Freunde was zu tun ist.

Sie umarmen sich und
geben einander einen Gute-Nacht-Kuss.
Jeder wünscht dem anderen
eine wunderbare Nacht.
Der Strauß wird dabei so müde,
dass er an Ort und Stelle
sofort einschläft.

Seitdem treffen sich die Tiere
abends auf der großen Wiese und
wünschen sich eine gute Nacht.
Sie umarmen sich gegenseitig und
so mancher bekommt einen Gute-Nacht-Kuss.

Und noch etwas ist neu: Sie beten zusammen.
Diesen Rat hat ihnen die schlaue Eule noch gegeben.
Sie wissen jetzt, dass der Vater im Himmel
auch in der Nacht auf sie aufpasst.

Sie beten:
„Lieber Gott, ich schlafe ein.
Lass mich bei dir geborgen sein.
Die ich liebe, schütze du,
all' meinen Freunden schenke Ruh'.
Und kommt der helle Morgenschein,
dann lass uns wieder fröhlich sein!
Amen."

Nun schlaf auch du wohl und behütet.

Wunderbare gute Nacht

Gebete zur guten Nacht

Welch ein schöner Tag war heute,
lieber Gott und welche Freude,
hat er wieder mir gebracht,
dankbar sag ich: Gute Nacht.
Amen

Was schön war heute kam von dir.
Was unrecht war, vergib' es mir.
Lass mich in dir geborgen sein.
In deinem Frieden schlaf' ich ein.
Amen

Schon glänzt der goldne Abendstern.
Gut Nacht, ihr Lieben nah und fern,
schlaft ein in Gottes Frieden!
Die Blume schließt die Äuglein zu,
der kleine Vogel geht zur Ruh,
bald schlummern alle Müden.
Du aber schläfst und schlummerst nicht,
du treuer Gott im Sternenlicht,
dir will ich mich vertrauen.
O hab auf mich, dein Kindlein, acht!
Lass mich nach einer guten Nacht
die Sonne fröhlich schauen.
Amen.

Hier kannst du dein Lieblings-Nachtgebet eintragen: